无人驾驶
及其他
交通技术

强国少年
高新科技
知识丛书

06

世图汇 / 编著

江苏凤凰科学技术出版社 · 南京

图书在版编目(CIP)数据

无人驾驶及其他交通技术 / 世图汇编著 . — 南京 : 江苏凤凰科学技术出版社 , 2022.12(2023.8 重印)
(强国少年高新科技知识丛书)
ISBN 978-7-5713-3208-2

Ⅰ . ①无… Ⅱ . ①世… Ⅲ . ①智能技术 - 应用 - 交通工具 - 少年读物 Ⅳ . ① U469-49

中国版本图书馆 CIP 数据核字 (2022) 第 161373 号

感谢 WORLD BOOK 的图文支持。

无人驾驶及其他交通技术

编　　著	世图汇
责任编辑	谷建亚　沙玲玲
助理编辑	杨嘉庚　钱小龙
责任校对	仲　敏
责任监制	刘文洋
出版发行	江苏凤凰科学技术出版社
出版社地址	南京市湖南路 1 号 A 楼，邮编：210009
出版社网址	http://www.pspress.cn
印　　刷	上海当纳利印刷有限公司
开　　本	718 mm × 1 000 mm 1/16
印　　张	3
字　　数	60 000
版　　次	2022 年 12 月第 1 版
印　　次	2023 年 8 月第 5 次印刷
标准书号	ISBN 978-7-5713-3208-2
定　　价	20.00 元

图书如有印装质量问题，可随时向我社印务部调换。

目录

引言

想象一下，你想周末去周边的大城市拜访一位朋友，路程很近，并不需要搭飞机。当你周六早上走出家门时，你的车已经在路边等你。车子安静地驶出，将你带到一个小型区域机场，在这段时间里，你看了早间新闻。到机场以后，你登上了一个像直升机一样的吊舱，等了一会，其他乘客也陆续到达。然后，你起飞了！你乘着吊舱升上天空，俯瞰着城市的壮丽景色。吊舱随后降落在了中转站的屋顶上。你走下吊舱，检票换乘，进入了另一个客舱。这个客舱看起来像小型飞机的机身，以每小时数百千米的速度在专用的管道内行驶，将你送到了目的地。从你踏出家门，到在朋友所处的城市享用早午餐，这段路程中没有任何飞行或驾驶是人工完成的！这些听起来像是科幻小说里的情节，但所需的所有技术现在都已经在开发中。

交通是社会中的纽带。它决定了人们上班时如何通勤，购物时如何到达商店，度假时如何到达目的地。它也决定了商品和材料如何到达工厂、工地和商店。正因为交通关乎着每件事、每个人，交通方式的每一次进步都能对我们的生活产生翻天覆地的影响。在过去的一百多年里，汽车的出现改变了人们短途出行的方式和城市的设计思路。在过去的五十多年里，喷气式飞机让我们可以实现环球旅行。同样，今天正在开发的技术可能会在未来 50 年内改变世界。

交通领域即将发生的下一次革命是什么？

这些进步将带来哪些变化？你未来将如何出行？这本书将带你了解交通的过去和未来。

1 飞行汽车

我的飞行汽车呢

想象一下，你正开车出城度假，但在高速公路上，只能看到一大片此起彼伏的刹车灯。这个时候，你只能选择继续堵在车流中，或者尝试离开高速公路并寻找一条备选路线。但如果你可以拨动开关飞上天空，那会怎样？你可以腾空直上，笑看路面的拥堵，然后飞往目的地附近的一个小型机场，降落驶离。这可能是每个司机在堵车时的美妙幻想。

长久以来，飞行汽车一直被认为是理想的个人交通工具和未来的交通标志。自从汽车和飞机出现后，发明家们就从未停止过对飞行汽车的尝试。正如我们所知，它们的广泛应用将改变未来的交通方式。

那么它们的未来在哪里呢？为什么要花这么长时间？我们能实现不受阻碍自由翱翔地出行吗？

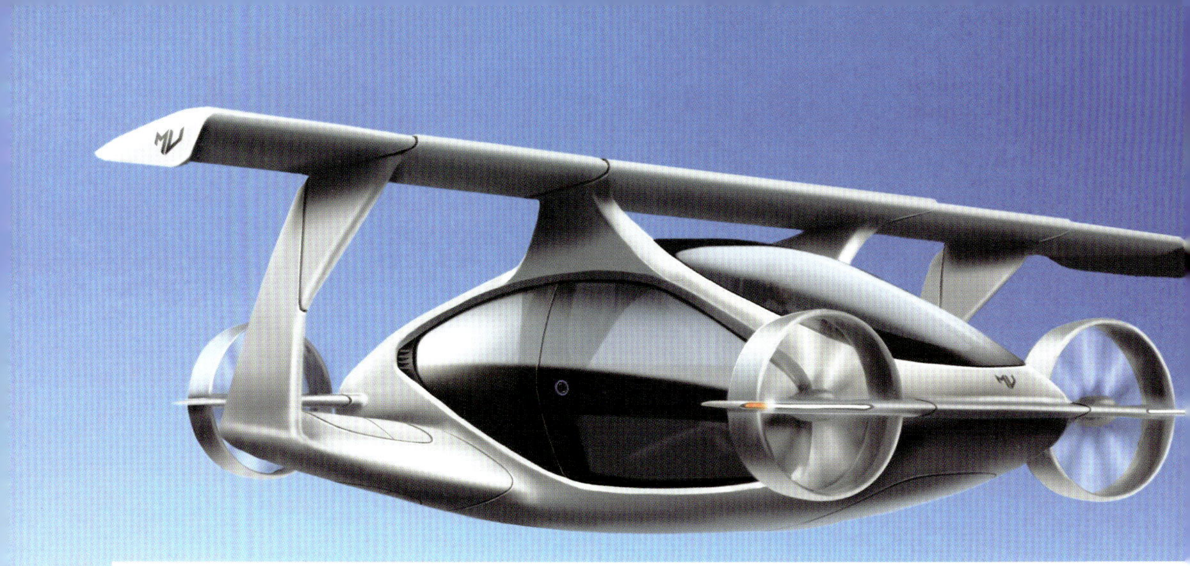

工程挑战：样样皆通，样样稀松

大约在 1900 年，发明家们几乎同时创造了汽车和飞机。许多人认为，两者融合为一种通用的交通工具只是时间问题，这似乎是驾驶自由的逻辑延伸。从设计的角度来看，这也是有道理的。早期的汽车和飞机面临一些相同的挑战：需要坚固的框架、可靠的控制系统和动力强劲且重量轻的发动机。

现代飞行汽车摒弃了使用笨重的机翼来产生升力的设计，而是采用了紧凑的折叠机翼和导管式的推进器。

但随着汽车和飞行器变得更快、更复杂，它们的工程需求出现了分歧。汽车更容易发生事故，因此它需要能够保护其驾驶员和乘客。而对飞机来说，效能为王。飞机需要尽可能轻，以减少燃料的用量。现代飞行汽车的设计师需要在安全性和效能之中找到平衡。

早期的飞行汽车设计一直在努力解决在路面行驶时将机翼放置在哪里的问题。大多数针对该问题的尝试都不够理想。

大多数设计都会顾此失彼，而其他的替代方案则过于昂贵。

飞行汽车的设计面临的另一大挑战在于：机翼放哪里呢？大多数飞机依靠机翼产生飞行升力。但是在行驶时，机翼可能会导致飞行汽车在错误的时间起飞！除此之外，在道路上行驶时，机翼也占用了太多的空间。因此，飞行汽车的设计者必须摸索出在行驶时如何处理飞行汽车的机翼。有的设计中，机翼会分离脱落。在其他设计中，例如上图所示的20世纪50年代的泰勒的飞车（Taylor Aerocar），机翼在行驶时会被移除并拖在车后。还有一些将机翼和尾部折叠到车体内。每种设计都各有弊端。

一些发明者通过在设计中引入导管式推进器或喷气式发动机省去大机翼。但此类设备需要消耗大量的能源或燃料，从而限制了飞行汽车的航程。

把路抛在脑后

飞行汽车应该看起来更像飞机还是汽车？早期的飞行汽车设计通过尝试将汽车和飞机的基本元素结合在一个设备中来解决这个问题。由此产生的飞行汽车既可以驾驶也可以飞行，但大都华而不实。现代飞行汽车的设计师则跳出了汽车和飞机的传统印象来进行独特的紧凑型设计，以实现良好的性能和漂亮的外观。

不能持续飞行的自动飞机

一些最早的航空先驱对飞行汽车很感兴趣。美国发明家格伦·柯蒂斯（Glenn Curtiss）是第一个获得美国飞行执照的人，他创造了一种名为自动飞机（左图）的飞行汽车。一名飞行员驾驶的飞行汽车可以以每小时 72 千米的速度带两名乘客在地面行驶，并以每小时 105 千米的速度飞行。但原型机只进行了短暂的跳跃，且不能维持稳定的飞行。此外，巨大的固定机翼会对其他汽车的安全造成威胁。

折叠机翼

为了解决飞行汽车设计中机翼笨重的问题，发明家们尝试了可折叠的机翼。就像典型的敞篷车上，车顶可以被整齐地折叠到后备箱中那样，当这种飞行汽车在路上行驶时，机翼可以折叠收回。虽然这种设计既能飞行又能行驶，但巨大笨拙的机翼增加了自身重量，降低了燃油效率。

可折叠的机翼意味着这辆车只需按一下按钮就可以变成飞机。但新的飞行汽车设计较少依赖大机翼飞行。

导管式推进器

飞行汽车面临的主要挑战之一是如何以汽车行驶的低速起飞。设计师们可以使用导管式推进器来解决这个问题。在推进器周围放置一个环或管道可显著提高效能和动力。导管式推进器可以产生汽车在较低发动机转速下起飞所需的高推力，而且所需的机翼较小，甚至可以没有机翼！

飞行员学校

如果你拥有一辆飞行汽车，你需要驾驶证还是飞行执照？两个都需要！成为一名飞行员需要进行各项测试和长时间的培训，这为飞行汽车的广泛应用制造了另一个障碍。

2 自动驾驶汽车

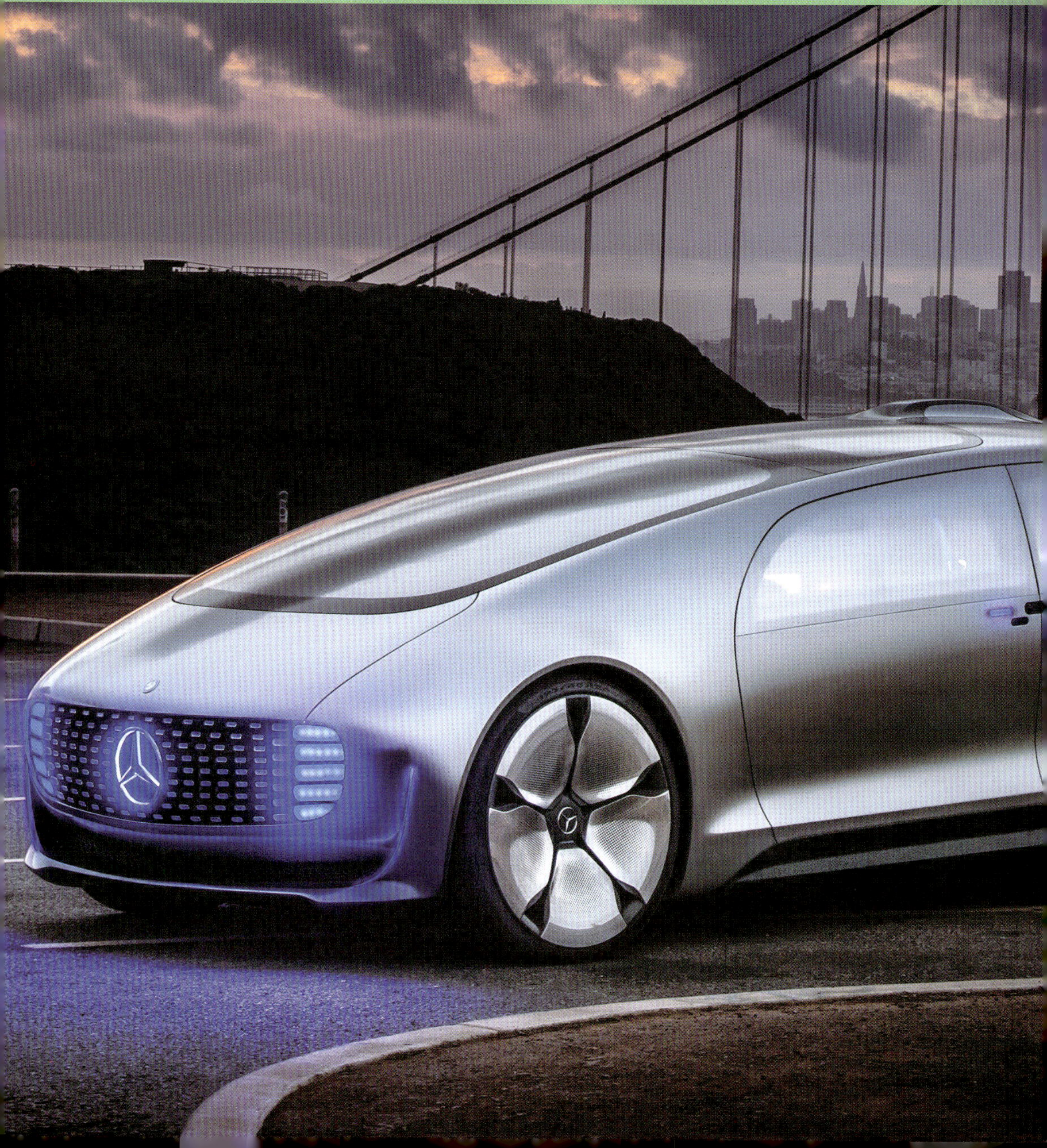

自动驾驶的汽车

美国人平均每年花在堵车上的时间超过 40 小时，几乎等于把一整个周末都用来打哈欠、盯着窗外愣神和无聊地用手指敲打方向盘。如果我们可以利用这段时间做一些更有趣的事情会怎样呢？如果车上的每个人都可以只做乘客，在旅途中看书、看电视，或者在车里与家人朋友聊天，那会怎样？

现在，有数十家公司正在努力攻克让汽车自动驾驶的技术。通过配备复杂的传感器、强大的计算机和人工智能技术，这种自动驾驶汽车无需人工操纵，就可以将我们带到要去的地方。

自动驾驶汽车更重要的意义在于，它可以帮助挽救生命！仅在美国，每年就有大约 4 万人死于车祸，其中大多数事故是人为失误造成的。而自动驾驶汽车永远不会酒驾、疲劳驾驶或者开车的时候分心。这一技术的推广可以大大减少车祸造成的人员伤亡。

自动驾驶汽车的组成

现代汽车已经是一台极其复杂的机器了，里面塞满了一系列的电机、齿轮，甚至还有许多传感器和计算机。而自动驾驶汽车更是需要数十个系统协同工作，才能将乘客安全地送到目的地。

北斗卫星导航系统

为了去任何地方，自动驾驶汽车需要知道它在哪里。自动驾驶汽车将配备卫星导航系统。北斗卫星导航系统是中国自行研制的全球卫星导航系统，可在全球范围内全天候、全天时为各类用户提供高精度、高可靠定位、导航、授时服务。

激光雷达

自动驾驶汽车最重要的传感器是激光雷达（Lidar），即激光探测与测距系统的简称。在激光雷达单元中，数十个激光器将光脉冲发送到环境中，所用的光多为红外线，肉眼下并不可见。一部分光脉冲被环境中的物体表面反射回到激光雷达单元并被接收器接收。发射的光线返回的时间越长，它离反射面的距离就越远。基于这些信息，汽车的计算机能够生成一张随时更新的环境画面。同时，一些豪华电动汽车制造公司正在研制不使用激光雷达的自动驾驶汽车，以规避其高昂的成本。

雷达

雷达（Radar）即无线电探测和测距的缩写。雷达的工作原理与激光雷达相同，只是用无线电波替代了红外线。无线电波的频率比红外线的低，因此分辨率也比激光雷达的更低。但是雷达可以穿透雪和雾，且造价低廉，可靠性强，已经投入使用几十年。

摄像机

摄像机接收的信号是可见光。汽车通过在不同位置设置的多个摄像头，像我们利用自己的双眼一样，判断与物体的距离。这一技术不仅更擅长识别移动的物体，还对于检测道路标志和信号至关重要：雷达或激光雷达只能检测到方形标志牌，但只有摄像头才能看到上面写着“请勿进入”。

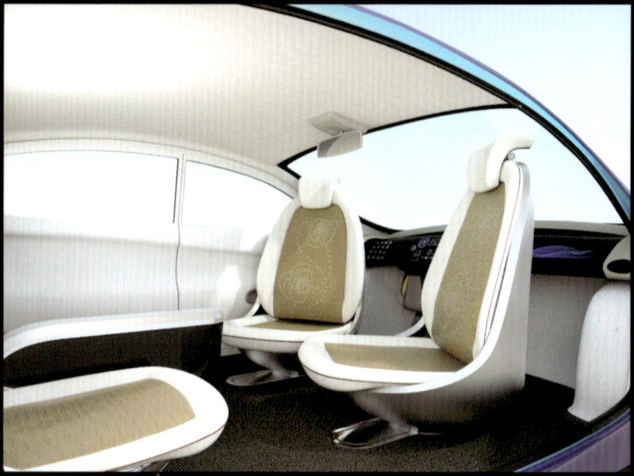

重新设计的未来客舱

当不需要人以任何方式驾驶汽车的时候，自动驾驶汽车将会以全新的方式被重新设计，方向盘、后视镜和其他驾驶控制的部分将被去除。座位可以面对面，让人们能够舒适地进行对话或玩游戏。

人工智能

机器学习将在汽车的自动驾驶革命中发挥重要作用。你知道停车标志的样子，也知道当看到一个停车标志时该做什么。但自动驾驶汽车想要掌握这一技能则需要不断学习。它需要在内存中存储数千张停车标志的照片，并与途中遇到的物体进行比较，以判断是否要停车。

唤醒过去的回忆

我们可能很难想象没有汽车的生活。但就在一百多年前，汽车甚至还不存在。富人出行和货物运输需要依靠马车，而大多数人需要靠双脚走到他们需要去的地方。很少有人一生中能离开家超过几十千米。

当汽车还是一项新发明时，与之共享道路的马匹必须认识并习惯于它们的机械替代物。

汽车：绿色替代品

今天很难相信，汽车被提出来作为马的环保替代物！在大城市里，马占据了大量的空间并需要大量的食物。更糟糕的是，它们的粪便覆盖了城市街道，使它们无法行走。“无马的车”最初是为了解决马匹造成的问题，但直到后来人们才意识到，这些设备本身会导致诸如雾霾、事故、拥堵和全球变暖等其他问题。

汽车是谁发明的

汽车没有单一的发明者。自工业革命开始以来，许多人都从事过动力车辆工作。第一类动力陆地车辆使用蒸汽动力，随后被电池驱动的汽车替代，但这些很快被内燃机汽车取代。

电动汽车并不像看起来那么具有未来感

一些最早的汽车是用电池供电的，但它们又慢又重，而且续航里程很短。1908 年，美国福特汽车公司推出了以汽油为燃料驱动的 T 型车。T 型车便宜、可靠、易于维修、续航里程长。电动汽车迅速从市场上消失了大约 100 年，直到电池技术的改进和人们对温室气体排放的担忧使得其在现代复兴。

1912 年，一位女士使用手摇电池充电器为她的电动汽车充电。早期的电动汽车需要频繁充电。

通往自动驾驶汽车的崎岖道路

汽车出现后不久，随着越来越多的司机挤进拥堵的道路系统，汽车带给司机去任何地方的自由就变成了诅咒。随着计算机的兴起，人们认为如果汽车可以自动驾驶，那就可以摆脱通勤这个苦差事。但事实证明，这个梦想比最初想象的更难实现。

592 Radio News for November, 1925

Radio-Controlled Automobile

By HERNDON GREEN

Radio is to control a car in transcontinental tour. The system, which is extremely simple and effective, is fully described here.

幻影汽车

1925 年，胡迪纳（Houdina）公司建造了一辆在纽约市周围巡航的汽车，不需要有司机操控方向盘（上图），引得旁观者吃惊赞叹。但胡迪纳是一家生产遥控装置的公司，而不是一家自动驾驶汽车公司——这辆车是由附近的人遥控驾驶的。然而，这个噱头让人们思考如何让这个把戏成为现实。另一辆“无人驾驶”汽车在巴黎街头引起骚动（右图）。

未被采用的思路

1956 年，通用汽车公司认为自动驾驶汽车的未来在于道路之下。它的火鸟（Firebird）概念车需要跟随埋在道路下的电线。通用汽车公司的工程师的设想是在主要高速公路的快车道上实现不用手的驾驶。

1961 年的福特吉龙（下图）是一款未来派概念车。福特吹嘘它将拥有惊人的能力——包括计算机控制的导航系统——但从未建造过一个能够运行的模型。

“大挑战”

直到21世纪初，自动驾驶汽车的概念大多被视为边缘想法，当时并没有大公司在研发自动驾驶汽车。在2004年，由政府部门组织了一场名为“大挑战”的公开、越野、自动驾驶汽车比赛。

共有15支团队制造了自动驾驶汽车来参赛，参赛者有机器人爱好者、汽车工程师，甚至还有一名高中生。这些车辆与团队本身一样多样化：最小的是一辆自平衡越野摩托车，最大的是一辆改装的军用卡车。赛道是一条艰难的沙漠路线，总长229千米。在10小时内，参赛车辆首个完成赛程的团队将获得100万美元的奖金。

结果，奖金无人认领。自平衡越野摩托车在起跑线上就翻车了。军用卡车卡在两束风滚草之间，以为是坚实的物体。另一辆卡车只行驶了6米，然后就掉头开回了起跑线。成绩最好的车辆只行驶了12千米，然后就偏离了路线最终陷进了沟里。

虽然没有车辆完成赛程，但比赛场面非常壮观。主办方立即宣布来年将举办第二次比赛，奖金将翻倍。

这一次，有多支队伍完成了比赛。随后在 2007 年，举行了另一场以城市为主题的挑战。参与这项挑战的许多人后来成为了自动驾驶汽车行业的重要人物。

“大挑战”的许多参赛作品都是由典型车辆改装而成的。阿维德 2004（上图）基本上是一辆改装过的沙滩车。

从扬声器到激光雷达

大卫·霍尔（David Hall）成立了一家扬声器公司。21 世纪初，在公司发展陷入困境后，霍尔试验了自动驾驶汽车技术，并押注激光雷达将成为至关重要的传感器元件。在他看来，激光器阵列能够得到充分利用，那整个行业都会为之而改变。他和他的兄弟参加了 2004 年的“大挑战”。当然，他们没有获胜，但主办方以及其他参赛者立即看到了这一设计的价值。今天，该公司已经成为了世界顶级的激光雷达制造商。

3 无人机

看，上面！是一只鸟！是一架飞机！是一架无人机

你可能已经有了一架无人机。你能用它绕着树木和电线杆赛跑，做特技，或捕捉精彩的航拍镜头。在无人机领域里，配备了多个螺旋桨的被称作多旋翼无人机，通常至少有 4 个螺旋桨。它们不光是很酷的玩具，还能够完成一些重要的工作。无人机常被用来为电视、电影和广告拍摄照片和视频，但还有更重要的用途，例如在军事行动中监视敌人。无人机被称为无人驾驶飞行器（uncrewed aerial vehicle，缩写为 UAV）。这个名字在技术层面是成立的，因为机上没有机组成员。但几乎所有的无人机仍需要由地面人员操控。

多旋翼无人机的用途先前主要局限于航拍，因为它们相对脆弱。这种无人机使用电动机和旋翼垂直起飞和降落。它们依赖电池供能，所能储存的能量远不如同体积的汽油或航空燃料。但正因为使用了电动机，多旋翼无人机造价低廉、噪声小且易于维护。随着工程师们在电池性能上的不断突破，多旋翼无人机的用途也将变得更多样化。

想象一下，你早上在网上买了一件商品，然后午餐之前它就到你家门口了。通过使用无人机空中送货，几千克以下的物品几乎都可以在几分钟内送到。无人机送货不仅更方便，还可以帮助减少交通拥堵。卡车仅占城市道路交通量的 7%，但从拥堵时长和对应的燃油消耗来看，它们承担了城市拥堵成本的 18%。用无人机取代缓慢行驶的卡车来送货可以为物流公司节省资金，为通勤者节省时间。

在未来，无人机还可以在灾害中帮助搜救和运送物资。在发展中国家或处于战乱中的国家，无人机可以安全地将食品、药品或其他物资运送给需要的人。

无人机如何工作

多旋翼无人机的流行并不归功于一些华而不实的原型或突破性的创新，相反它们是由一些相对平凡的技术进步推动的。更可靠一点点的电动机，或者容量更多一点点的电池，这种改进听起来稀松平常，并不会令人感到兴奋，但正是这些日常的工程技术使得多旋翼无人机在今天得以发展。这些无人机尽管当下大多只是很酷的玩具，但很快就会被应用于各种商业用途。

电池

强大的可充电电池已经使无人机能够电动化。与燃油发动机不同，电池内没有活动的部件，因此电池驱动的无人机需要的维护和维修量要少得多。

摄像机

摄像系统的进步使无人机的飞行变得更简单，应用也更广泛。飞手的控制装置中嵌入了屏幕，从而使飞手能够看到无人机看到的东西。先进摄像机更是配备了计算机系统，使无人机能够实现自主飞行。

电动机

廉价、强劲、可靠的电动机的出现使得工程师能够设计出具有多个旋翼的无人机。因为来自多个旋翼的力会相互平衡，所以多旋翼无人机并不需要像大多数直升机那样的尾翼。如果一个甚至多个旋翼或电动机发生故障，无人机仍能稳定自身并进行受控紧急着陆。此外，多旋翼无人机可以简单地通过调整各个电动机的速度来控制路线，而直升机则需要一个称为自动倾斜器的复杂机械装置来调整其主旋翼以进行转向。

无线电控制

在发明家们进行试验动力飞行的同一时代，也有其他发明家正在试验遥控。在 1898 年纽约市的一次公开试验中，发明家尼古拉 · 特斯拉（Nikola Tesla）在几米外遥控驾驶了一艘大型玩具船，震惊了围观的人群。当时，很少有人知道无线电波，所以在没有任何电线的情况下控制设备的想法看起来像是种魔法。这项技术在当时过于超前，以至于没有人相信它的用处，连美国军方都是在将近 20 年后才开始试验遥控。

远程控制

今天几乎所有的多旋翼无人机都是由地面上的人通过遥控器驾驶的。即使未来的无人机将会更加自主化，但它们仍将具有无线电通信能力，以接收紧急命令并与其他无人机通信。

货运无人机

随着无人机变得越来越强大，人们开始考虑让它们承担超出摄像机和传感器的功能。已经有多家公司正在投资探索用无人机配送货物的应用。

无人机快递

在对无人机技术的探索中，各大互联网电商公司都曾有尝试。2016 年，曾有公司在英国使用自主无人机进行配送货。尽管这只是一次尝试，但这一技术有望尽快得到推广。专利中还提到了各种各样的想法，包括像飞艇一样的巨大的飞行仓库，以供无人机取货和充电！

空中生命线

一家物流公司开展了使用无人机为非洲中东部国家卢旺达的医院和诊所提供运送血液的服务。卢旺达的公路网络并不可靠，往农村诊所运输血液通常要花费数小时。而滑索公司的无人机可以在 30 分钟内将血液配送至相关地点。这架像飞机一样的无人机从基地沿着预先编程好的路线出发，自主飞行到降落点，然后悬停在空中放下货物。将单独包装单元的血液空投到诊所后，无人机再飞回基地。

货运无人机非常适合短距离内运送体积小、重量轻的包裹。现在很多由卡车完成的配送任务增加了交通拥堵，可以由无人机取代。

法律问题

多国政府对无人机的安全使用心存疑虑。大部分无人机不能离开其驾驶员的视线，而对于自主飞行的无人机，也仍需要应急驾驶员。无人机飞行时必须避免飞越人群和车辆。这些法律是无人机使用推广的重大障碍，但也是人们安全的保证。随着这些公司证明他们有能力在各种条件下安全地操作无人机，相关的法律可能会放宽。

玉米饼直升机

想吃墨西哥玉米饼吗？那就打电话叫个玉米饼直升机！ 2012 年，有个网站宣称能够实现在旧金山使用无人机运送玉米饼。但媒体广泛关注后，人们发现这只是一场骗局。

4 客运无人机

重新定义飞行汽车

传统飞行汽车的广泛普及可能会遥遥无期。毕竟制造一种既能安全飞行又能安全驾驶的平价汽车可以说是困难重重。但是，如果将汽车公司开发的自动驾驶策略与无人机技术结合起来，再去掉轮子会怎样呢？想想送货无人机，它能够自动运送包裹。现在，想象一下把货运无人机的尺寸放大，制造一架短程飞行的飞机，通过自主飞行将人们运送到目的地，这样就不需要飞行员和飞行执照了！

客运无人机将从密集的市中心到沉静的郊区，彻底改变城市交通拥挤的状况。市郊的居民会步行或乘坐自动驾驶的班车前往附近的无人机机场。从那里出发，他们可以在半小时内飞到城市的任何地方。高层建筑可能在楼顶上有一个无人机机场，而特别高的摩天大楼甚至可能需要在多个楼层设置无人机机场，从而让人们可以在离目的地更近的地方下车。

借助高效的空中交通管制系统，人们在载人无人机内能轻松地四处走动。无人机会沿着指定的航线飞行，就像空中的高速公路。但这些航线将比道路灵活得多。如果多架无人机向空中交通管制系统报告它们将前往同一目的地，比如往返一场音乐会，系统可能会规划一条“高速公路”将它们从市中心带到那里。

城市街道曾经是小贩售卖商品、情侣散步和儿童玩耍的公共场所。在 20 世纪，汽车和交通改变了这一切。但随着客运无人机和货运无人机的广泛使用，许多街道可能会再次向人们开放，成为市场、公园和自行车车道。

客运无人机如何工作

客运无人机的外观与你对飞行汽车的传统印象有很大不同。笨重的机翼、不实用的轮子和嘈杂的发动机已经一去不复返了。取而代之的是优雅的客舱、安静的螺旋桨和高效的电池组。

动力

大多数客运无人机的设计都是依赖锂离子电池供电的。尽管几十年来电池技术有了重大改进，但动力还不足以让无人机的续航超过半小时。现在已经有少数几家公司正在试验混合动力驱动技术，用小型汽油发动机来为无人机的电池充电。无论哪种方式，客运无人机的燃油效率都与依靠喷气发动机和大量燃油的直升机有很大不同。

自主性

即使对于经验丰富的飞行员，直升机也很难控制，多旋翼无人机情况也差不多。考虑到客运无人机是在人口稠密的环境中飞行，它们很可能是完全由自主系统操控的。在前往目的地的途中，每个人都可以放松身心、欣赏美景。自主系统将确保飞行器在周围保留适当的空域，以保证在飞行中不会与建筑物、鸟类或其他无人机发生碰撞。

多个电机和旋翼

这些飞行器大多设有多个旋翼，从而摆脱了传统直升机对尾旋翼的依赖。多个电机和旋翼能够确保飞行器像传统的无人机一样，即使在多次故障的情况下也能够安全着陆。作为最后的保障，许多设计中也包括了应急的整机降落伞。

很快有一天，天空中可能会充满了这样的客运无人机。客运无人机的设计会根据其航程和可以搭载的乘客数量而有所不同。

5 喷气式背包

人类一直梦想着拥有翅膀腾空而起。炫酷的新技术将使个人的喷气式背包成为现实。

对未来发明的传统印象

有什么比背上喷气式背包在空中飞驰更酷的呢？喷气式背包这项发明与飞行汽车一样，像是人们对遥远未来的宣传海报。事实上，那个未来已经到来，只是尺寸没有达到人们的期望。

贝尔火箭腰带

第一个喷气式背包——小型火箭升降装置（左图）于1960年测试成功。该背包使用以过氧化氢（H_2O_2）为燃料的微型火箭发动机，而不是喷气式发动机。它只能将飞行员推起腾空大约20秒，这对于帮助士兵进入或退出战斗的时间来说太短了。

希勒飞行平台

希勒飞行平台（右图）出现于20世纪50年代。它有两个位于飞行员脚下的带盖旋翼。飞行员通过控制自己的重心来控制飞行器。这是一项很有趣的设计，但无法满足军方对速度和轻负荷的要求。

此时此刻的喷气式背包

今天，喷气式背包已经出现了多种形式，形状和大小各不相同，但要么还在开发中，要么价格高得惊人。但随着技术的进步，或许你下一次度假的时候就可以用到它！

电扇背包

与希勒飞行平台类似，马丁喷气式背包使用两个导管式电扇将其飞行员推向空中。除了其传统模式外，该飞行器将能够远程控制或自主跟随一个人或另一个喷气式背包，将物资运送到地形崎岖的地区。

水上背包飞行器

现在已经有多家公司能够生产休闲用的水上背包飞行器了。这些装置通过高速喷出的水流使飞行员保持在空中。人们可以站在上面四处飞行，或者在这些飞行器上表演杂技技巧。但这类飞行器需要持续供应的高压水，需要把它们用长软管连接到周围的小型船只上。同时，这类飞行器只能在水面上飞行。

喷气式背包

这应该是最酷的喷气式背包了。它是喷气式背包飞行（Jetpack Aviation）公司的模型，使用了真正的喷气发动机。喷气式背包因其飞行距离远、承重大，吸引了很多人的注意，其中也包括军方。但该公司在完善飞行员的安全保障之前并不准备将其投入市场。

不可思议的钢铁侠

在漫画书和同名系列电影《钢铁侠》中，腰缠万贯的发明家托尼·斯塔克（Tony Stark）开发了一套能够让他飞行的战衣。遗憾的是，他的战衣所需要的技术太过超前，实现起来可能还需要很多年——如果真的去实现的话。

6 超音速客机

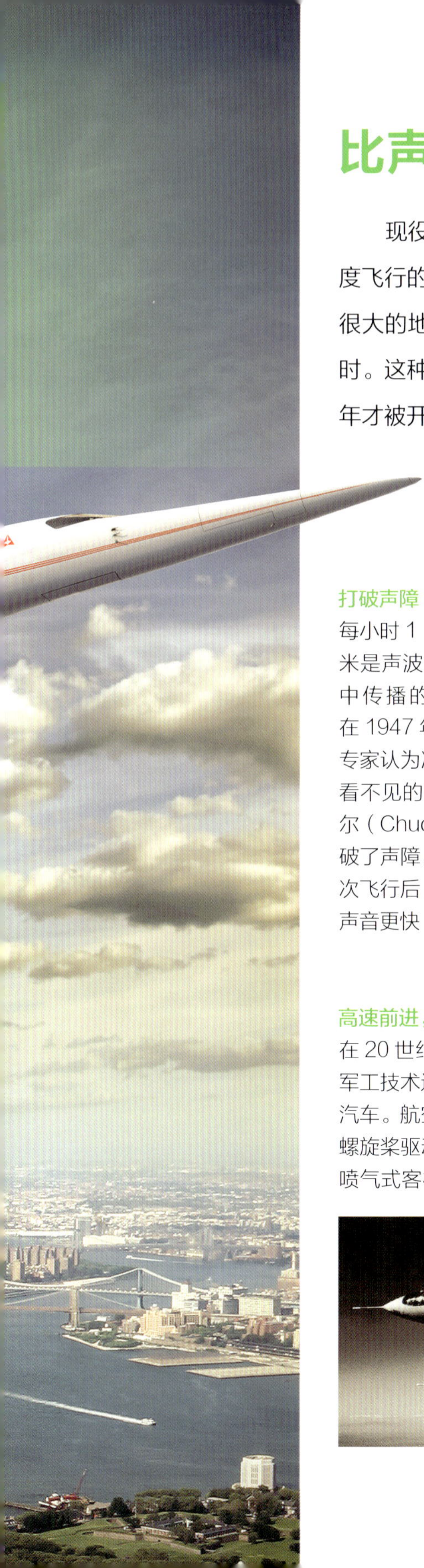

比声音还快

现役客机中，并没有能够以超过每小时 1 224 千米的速度飞行的机型。尽管这个速度已经非常快了，但地球是一个很大的地方，以这样的速度绕半个地球飞行至少需要 20 小时。这种航线的航程太长了，能够实现直飞的商业客机近几年才被开发出来。为什么喷气式客机限制在了这个速度?

打破声障

每小时 1 224 千米是声波在空气中传播的速度。在 1947 年之前，人们认为持续地超音速飞行是不可能的。大多数专家认为冲击波会使飞机分崩离析。它被称为声障，是空中的一堵看不见的墙。但在 1947 年 10 月 14 日，美国试飞员查克 · 耶格尔（Chuck Yeager）在驾驶专门设计的贝尔 X-1 火箭飞机时突破了声障。耶格尔报告说他自己或飞机没有受到任何不良影响。这次飞行后，工程师们备受鼓舞，迅速为军方设计了多款超音速（比声音更快）飞机。

高速前进，高速旅行

在 20 世纪 50 年代，“二战”（1939—1945 年）期间研发的许多军工技术逐步走入美国人民的生活。大规模生产使许多人都买得起汽车。航空旅行变得越来越平价和更快捷。世界上第一架客机是由螺旋桨驱动的，每小时只能飞行几百千米。但在 1952 年，第一架喷气式客机哈维兰彗星（De Havilland Comet）问世，时速可达 805 千米。随着贝尔 X-1 的试飞获得了媒体的广泛关注，人们由此认为超音速客机几年后就会出现。

协和飞机的兴衰

等等！不是已经出现过超音速客机了吗？虽然超音速飞机在技术上已经不成问题，但作为客机很难盈利。曾经有一架超音速飞机在商业航线上飞行了 27 年，但现役的客机中已经没有超音速飞机了。

在 20 世纪 50 年代，美国、苏联以及一支英国与法国的合作团队相继加入了研发第一架超音速喷气客机的赛道。美国起步较晚，最终退出了比赛。苏联最先完成了飞机的设计，但舒服性和安全性都相对较低。英法合作研发了一架名为协和（Concorde）的飞机，该飞机于 1969 年进行了首次超音速试飞。协和飞机外形优雅，但造价昂贵，维护成本高，而且对地面上的人来说噪声过大。

像所有超音速飞机一样，协和飞机在突破声障时会产生声爆。如果飞机离地面足够近，这种巨大的噪声会吓到人和动物，甚至可以震碎窗户。1973 年，美国下令禁止了非军事用途的超音

速陆上飞行，这对协和飞机的市场造成了严重的限制。而随后，欧洲的许多国家也迅速效仿。协和飞机于 1976 年投入服务，仅限于横跨大西洋的航线。英国航空公司和法国航空公司运营了协和飞机的航班，开辟了一个小型市场。这些航班从巴黎或伦敦出发飞往纽约，全程不到三个半小时，乘客多为富裕的游客和商务旅客。但这些飞机耗油量大，维护成本高，航空公司只能勉强维持盈利。

2000 年，一架协和飞机在法国起飞时坠毁，机上 109 人全部罹难，地面 4 人丧生。事故调查人员后来发现跑道上的碎片导致了飞机失事。协和飞机在调查期间停飞了一年，且此后声誉一蹶不振。2003 年，英国航空公司和法国航空公司最终永久停飞了协和飞机，超音速客机就此消失。

苏联图波列夫飞机

苏联的图波列夫图 - 144（Tupolev Tu-144）实现超音速飞行的时间实际上比协和飞机还要早几个月。但是这架飞机能耗更大、嘈杂且危险。在测试期间，图 - 144 发生了两次致命的坠机事故，这使得其商业推广晚于协和飞机。

图 - 144 的机舱内噪声太大，乘客之间甚至无法互相交谈，不得不依靠传递纸条进行交流。图 - 144 总共服务了不到一年的时间，其间每周只飞行一次，而后永久停飞。

超音速客机能再上云霄吗

超音速飞行看起来是交通领域内一次失败的尝试，但它可能会东山再起。经济不断的发展变化和工程决策的智能化，使超音速喷气式客机有可能再次出现。如果实现的话，你周末旅行的目的地也许可以在另一个大陆上！

降低声爆

精密的设计可以减少声爆时产生的噪声。在计算机辅助设计的帮助下，工程师们正在研究不同的机翼形状和发动机布置对声爆范围的影响。设计新型超音速客机的公司不光计划为没有超音速限制的越洋航线提供服务，同时还希望超音速飞机能够在陆地上空正常飞行，因此他们也在努力让各国政府相信他们的飞机足够安静。

速度经济

飞机公司正试图将新型超音速喷气式飞机的速度作为经济价值出售给航空公司。由于超音速喷气式飞机横跨大西洋的飞行速度大约是传统商用飞机的两倍，因此理论上超音速喷气式飞机可执行的航班数是传统商用飞机的两倍，搭载的乘客数量同理。但这一优势需要满足以下三个条件才能成立：机票价格高到足以弥补增加的燃料使用量，需求足够多到每趟航班基本都能满员，以及维护足够简单到飞机大多时候能够连续飞行。

洛克希德马丁 X-59 飞机（下图）是新型低声爆超音速飞机的设计之一。2021 年，美国联合航空公司订购了 15 架超音速客机（右页图），并计划在 2029 年投入使用。

7 超级高铁

超越火车

假设你要去邻近一个大城市拜访一位朋友，距离有300 ~ 500 千米远，你会选择什么交通工具？对于许多人来说，这种路程不长不短，非常尴尬。如果选择搭飞机，就需要前往机场，办理登机手续，安检，忍受不可避免的延误，就为了一段恼人的短途飞行。而自驾则需要在路上熬过数小时不适和疲惫。

在这种情况下，火车也是一种选择，但在美国，乘火车可能比开车还慢。火车轨道大多建在地面上，因此客运列车必须提防轨道上的障碍物，在与道路交叉口处也需要减速，还必须与缓慢行驶的货运列车共享轨道。

即使提高车速，快速行驶的火车也面临着一些挑战。车轮和轨道之间的摩擦，称为滚动阻力，会使火车减速。受制于火车车轮的设计形式，即使在笔直的轨道上，火车也会左右摆动，甚至在极端速度下会发生脱轨。火车行驶得越快，受空气阻力的影响也就越大，尤其是在隧道中。火车必须将空气推开，从而造成能源的浪费。

一个称为超级高铁（hyperloop）的概念希望解决这些挑战并彻底改变中等距离的旅行。想象一下，以一架喷气式客机的速度在地面上行驶，省去了复杂的手续和航空旅行所需的等待时间。通过使用特殊的车辆和管道，搭载了乘客和货物的超级高铁能够以超过 1 127 千米每小时的速度行驶。构建这样的交通网络当然会面临巨大的财政压力，但有多家公司正在努力使这个梦想成为现实。

超级高铁如何工作

100 多年前，火箭工程学家罗伯特 · 戈达德（Robert H.Goddard）提出了真空磁悬浮列车（见第 45 页）的构想，而现在，另一位火箭先驱者重启了对真空磁悬浮列车的研究。在 2013 年的一篇论文中，出生于南非的企业家埃隆 · 马斯克（Elon Musk）描述了一个类似于真空磁悬浮列车的系统，该系统可以通过管道实现人员和货物的高速运输。他称该系统为超环。时任两家公司首席执行官的马斯克表明不会亲自参与这项技术的研究，但他的公司会定期举办超级高铁设计大赛。

真空管道

在高速下，空气阻力会降低移动物体的速度。超级高铁的管道将通过沿线布置的真空泵抽掉大部分空气。火车上可能还会配备一个压缩机，用于吸入车身前面剩余的空气并将其从车后排出。结合磁悬浮技术，真空管道将允许车厢使用非常少的能量加速和巡航。这些管道会被架设在空中或埋在地下，从而保证不会妨碍其他类型的交通工具。

直线感应电机

内置在管道中的直线感应电机（linear induction motor，简称 LIM）将牵引和推动车厢。沿着管道放置直线感应电机可使车厢的结构大大简化，同时分段控制轨道的“限速”。车厢将自动以最近的直线感应电机所设定的速度巡航。

火箭之父

20 世纪，当时还在读本科的美国工程师罗伯特·戈达德曾经在自己的课程论文中提出了以每小时数百或数千千米的速度在真空管道中实现客货运输的想法，并将其命名为真空磁悬浮列车。然而，他并未围绕这一概念开展更多后续的工作，而是研制出了第一枚液体燃料火箭。

磁悬浮

回想一下将两个磁铁推到一起的场景。如果用强磁铁来代替火车的轮子和轨道，那么整个火车将会飘浮起来，也就不会产生由摩擦造成的能量损失。现在也有一些速度较慢的小型磁悬浮列车（maglev，即 magnetic levitation 的简称）。日本正在测试一种时速可超过 595 千米的高速列车模型。在超级高铁中，车厢将通过磁悬浮悬浮在管道中，从而消除滚动阻力，降低脱轨的风险。

术语表

传感器：一种检测装置，能感受到被测量的信息并将其按一定规律变换成电信号或其他所需形式的信息输出，以满足信息的传输、处理、存储、显示、记录和控制等要求。

大规模生产：一种生产数量大、产出的机械或产品采取标准化尺寸的生产方式。

导管推进器：由螺旋桨及其外围的控制气流或水流的圆柱形外罩所组成的推进器。

分辨率：镜头或传感器对距离非常近的两个物体产生可辨别的独立图像的能力。

工程师：规划和建造发动机、机器、道路等的专业人士。

红外线：频率介于可见光谱中的红色光与微波之间的电磁波。其波长在真空中为 760 纳米至 1 毫米，比红色光的波长长、比微波的波长短。

混合：组合了两种或多种功能或操作模式的。

激光雷达：一种利用激光脉冲来测量距离并创建环境三维图像的遥感探测方法。

激光器：一种发射激光的装置。激光是一种定向发射的光波，波长范围非常窄，亮度和功率极高。与之相比，标准光源所产生的光由多种波长构成，且向各个方向发散。

机身：飞机上用来装载人员、货物、武器和机载设备的部件。它将机翼、尾翼、起落架等部件连成一个整体。

计算机辅助设计（CAD）：使用计算机对需要制造的物品进行设计的技术。

升力：当空气流经飞行器的机翼或旋翼叶片时，由于翼面上部的空气流速更快，密度更低，压力更小，从而与翼面下部产生压力差，从而对飞行器形成向上的力。

无人机：无人驾驶飞行器。大多数无人机都是远程控制的，但也有一些是自主控制的。

直线感应电机：一种直接通过磁场中的引力或斥力来产生线性推力而非旋转推力的电动机。

专利：由政府授予个人或公司在一定年限内制造、使用或销售新发明的排他性权利。

自主：有能力进行独立行动的。

科技强国　未来有我

强国少年高新科技知识丛书

本套丛书聚焦为人类社会带来革命性变化的 10 大科技领域，主题丰富多样、图文相映生趣、知识思维并重，帮助孩子一览科学前沿的精彩风景。富于视觉冲击力和想象力的实景插图勾勒出人类未来生活图景，与对前沿科学原理的生动阐释相辅相成，带领读者一站式沉浸体验科学魅力。在增强知识储备的同时，对高新科技发展历程的鲜活呈现以及对科技应用场景的奇妙畅想，亦能启发孩子用科学思维解决实际问题。

涵盖 10 大高新技术领域，58 项科技发展趋势

触达未来场景 · 解读科学原理 · 感悟科技魅力